꿈꾸는 세상에는 조팝꽃이 피었다

도복희 시집

반가움에 달려 나가
손에 닿을 듯했는데
잠에서 깨어났다
마당으로 나가
한참을 서성거렸다
'그리움' 한 덩어리
슬리퍼 끝에 채였다
무더운 여름밤이
몹시 더디 가겠구나

• 본문 페이지에서 한 연이 첫 번째 행에서 시작될 때에는 〈 표기를 합니다.
• 저자의 의도에 따라 작품의 보조 동사와 합성 명사는 띄어쓰기가 달라질 수 있습니다.

시인의 말

돌고 돌아와 고향에 닻을 내렸다

지난 일 년간 골목골목 부여를 걸었다

이곳의 시어들을 받아 적느라
잠들지 못한 저녁이 길었다

차례

**1부 기대하지 않는 법도
  외로우면 외로운 대로 사는 법도 배웠다
  생이 다소 쉬워졌다**

해 질 무렵처럼 지내고 있어	19
시를 언제 쓰냐고 물었다	20
장미슈퍼엔 장미나무가 없고	21
간결한 하루	22
쓸쓸한 무늬	23
봄에 한발 들어서자	24
오늘의 세 시는 당신 없이 지나갔지만	25
제주에서 군산까지 -그리움의 거리	26
전생에 만났던 너와 해후하게 될지도	27
'몹시'라는 그리움 한 덩어리	28
그 아픔을 내게 주소서	29
눈이 녹고 있는 날처럼	30
오늘의 기도를 노을빛에 걸고	31
배경이 없어서	32
그때의 선택이었습니다	34
오늘을 살아가는 방법	35

2부　　보라색 스웨터를 무릎까지 덮고 있었지만
　　　　겨울을 피하기에는
　　　　너무 얇다는 생각이 들었다

이월의 정서	39
산책자들의 도시	40
그때처럼 오후 3시를 걸었지	41
틈날 때마다 서해로 떠났다, 우리는	42
나희덕을 읽는 사이	43
뻔하지 않기 위해 나는	44
절반의 어느 방향입니까, 당신은	45
잠깐 눈인사를 하고 헤어졌다	46
일요일의 무인카페	47
저녁 여섯 시 이후	48
오후에 찾아들던 방	50
헝겊 인형	52
그리운 사람들은 청평사에 간다	53
꿈꾸는 집 1	54
꿈꾸는 집 2	55
시가 되는 것들은	56
숨기기 힘들지 연애	57

3부 깨진 액자 안
   분홍 한복 입은 그녀의 웃음이 아직도 분홍이다

빈집이 있는 골목	61
골목 사람들 1 -그는 이제 새벽길에 나서지 않는다	62
골목 사람들 2 -길고양이 집	63
골목 사람들 3 -기억을 어디서 잃어버렸을까	64
골목 사람들 7 -슬프지 않은 사람만 손들어 주세요	65
지금은 아무도 계절을 키우지 않는다	66
초왕리 빈집 한 채	67
빈집 -입포로9번길 13	68
신이 당신을 사랑한 이유	69
벽난로	70
도서관이라는 숲	71
고향엔 착한 이웃들이 산다	72
그때의 얼굴들이 궁금해	73
구름이 사라졌습니다	74
청유형으로 말하면 휘파람이 될 거야	75

4부 나는 다시 자유롭게
경계에서 경계를 허무는 방향으로
나아가게 될 것이다

한 장의 사진	79
신도 잠든 시간	80
제이미 맘 이수지	82
싱싱한 소문	83
아무것도 손쓸 수가 없었다	84
나는 고독사한 청년입니다	86
숨으로 만든 나무와 달과 햇빛	88
로드킬 당한 고라니 한 마리에 대하여	89
19세 청년 샤반 알달루	90
난전에서 시든 나물을 샀다	92
서로를 질투하지 않을 방법	93
굳이 재밌는 일이 없어도	94
꿈꾸는 세상에는 조팝꽃이 피었다	95
살다 보니 살아지더라	96
아프지 마라	97

해설 _ 불온한 안부의 세계선世界線   99
전형철(시인, 연성대 교수)

1부

기대하지 않는 법도
외로우면 외로운 대로 사는 법도 배웠다
생이 다소 쉬워졌다

해 질 무렵처럼 지내고 있어

집착하는 애인처럼 살아냈다
미지의 장소를 정해 오후를 건너왔다
이제 애쓰지 않아도
가벼운 쪽으로 걸음을 돌려놓았으니
하루하루가 쉽게 지나가게 되었다
내일을 희망하지 않으니
오늘을 살면 그만이었다
목·늘어진 스웨터를 입고 있는 것만큼이나
가난도 웬만큼 익숙해졌다
음식점 메뉴판에서 가격 먼저 보는 것이
습관이 된 것처럼
튤립 구근이 올라오는 소리에도 집중하기로 했다
적당히 내리는 봄비가 양철지붕에 내려앉을 때
침묵하는 방법도 알았다
기대하지 않는 법도
외로우면 외로운 대로 사는 법도 배웠다
생이 다소 쉬워졌다

시를 언제 쓰냐고 물었다

칼바람이 골목을 휩쓸고 지나갈 때

모든 주말 갈 곳을 잃었을 때

아는 얼굴이 사라졌을 때

삼월이 눈부셔 궁남지 주차장에 차를 세웠을 때

폭설의 세상을 피해 도서관에 숨어들어 왔을 때

까무룩 잠든 초저녁
서너 살 아이로 찾아온
군에 간 네가 그리울 때

구순이 다 된 엄마의 눈빛과 마주쳤을 때

가슴 뜨거워지는 시인의 시가
오목가슴에 박혀 떨어지지 않을 때

밀물졌던 감정이 다 빠져나가
이름조차 기억나지 않을 때

장미슈퍼엔 장미나무가 없고

사비로 장미슈퍼는 로또 명소로 유명하다
지난주 금요일 25억 원 일등도 여기서 나왔다
담벼락에 당첨 축하 현수막이 걸리자
혹시나 하는 심정으로
검은 잠바를 걸친 사내들이 미닫이문을 연다
키 작고 긴 머리를 틀어 올린 여주인이
'일등 대박 나세요'를 주문처럼 외우며
오천 원어치 숫자들을 건네준다
유튜브 점사가 알려준
병오생 행운의 날과 시에 맞춰
장미슈퍼에 간다, 나도
서른 개 아라비아 숫자를 사 들고 나오는데
만개한 봄빛이 한 다발이다
지갑에 일등 꿈을 밀어 넣는다
반생을 사는 동안 갖지 못했던
부자의 기운도 끌어다 붙인다
장미나무 없는 장미슈퍼에
사람들이 줄지어 들어가고 있다

간결한 하루

오늘이 지나가고 있다
밥 먹고 나서 졸린 몇 분처럼

평생학습관에 필라테스 수강 신청을 하고서
수업에 가는 대신 손택수 시집을 읽는다
하고 싶은 어떤 것도
바라는 무엇도 생기지 않아서
신간 도서 몇 권 빌려와
봄밤을 건너는 징검다리로 펼쳐 두었다
부여로 이주하고 나서
백제초 운동장을 죽어라 걸었던
두 계절이 지나갔다
너를 그리워하지 않기 위해
더욱 간결해지는 중이다

쓸쓸한 무늬

그런 식으로 살기로 했다
상의한 적 없지만 자연스럽게 들어선 형식이었다
지나고 나니 너의 잘못이 아니었지만
지나고 나니 기대가 촉발시킨 상처였지만
관심을 얻으려는 모진 언어인 걸 알게 됐지만
허물없음이 견디기 어려운 순간으로 다가온 후
자세는 통째로 바뀌었다
따뜻한 눈빛으로 바라보던 요일도 넘쳤으나
돌아가기엔 너무 멀리 와 버려서
오래된 생활의 태도가 익숙해져서
우리는 이제 무심한 예의로 통한다
가깝진 않아도 마음을 다해 응원하니
오래전에 택한 가족이라는 쓸쓸한 무늬다

봄에 한발 들어서자

저녁밥을 먹고 나서 엄마가 노래를 부릅니다
그녀의 메들리곡으로
채워지는 89번째 봄밤
한 뼘 마당에 뿌린 아욱씨가 싹을 틔웁니다
지난해 궁남지 국화축제 끝나고
가져다 심어 놓은 한 무더기
꽃 뿌리가 새순을 들어 올립니다
끌어낸 노랫가락이 방문 넘어
마당에까지 퍼져 나가는 모양입니다

오늘의 세 시는 당신 없이 지나갔지만

우선 새순이 돋아나는 동안만
기다리기로 했다
당신을 알아가는 데
목요일의 세 시를 내주기로 약속했다
믿어지지 않는 세상에 닿아 보려고
방향을 돌려놓은 것
2천 년 전 역사를 뒤지다 보면
단서가 나올 수도 있을까
우선 가보기로 했다
그리스에서 레바논을 거쳐 요르단의 여행자처럼
밑창 낮은 샌들을 끌고
걷고 있을 테지만
겨울나무가 봄을 품고 오듯이
신이 걸어간 쪽으로 따라가 보기로 했다

제주에서 군산까지
- 그리움의 거리

제주에 간 건 제주를 보기 위해서가 아니었나 봐
그대를 만나지 못하고 돌아온 건
습한 공기에 떠돌던 귀신들 때문이고
공항에서 날아오르길 기다리며
무국적자의 오랜 공항 생활에 대해 떠올리고
튤립 꽃다발을 통째로 버렸어
하우스의 봄 내음이
도마 위 생선 비늘처럼 뜯겨나갈 때
생각하면 아쉬워서 생각나지 않는 방법에 골똘했지
비행기 이륙 시간은 창문에 고개를 처박고 기다렸고
지상으로부터 날아오르는 속도를 견뎠지
높이 올라갈수록 그대는 작아졌다가
어느 순간 눈에서 사라졌고
이 악물고 눈꺼풀을 닫고 있어도
식은땀처럼, 이번 생처럼 견디는 것만 가능했지

그리움으로부터 안전한 착륙을 위해
숨죽여 기다리기만 했지

전생에 만났던 너와 해후하게 될지도

양화에 갔다
아무도 없었고 아무도 기다리지 않았다
바람이 신경질적으로
숲과 골목과 빈 벌판을 쓸고 다녔다
겨울 외투도 소용없어 떨고 있었다
걸음이 멈춰지지 않아서 이유 없이 떠돌았다
대문이 잠긴 것은 아니었지만
밖에 나와 있는 얼굴이 없었다
고개를 디밀거나
대문 안쪽 마당을 기웃거리는 동안
목줄에 묶인 개들만 폭주 기관차나 되는 양
짖어대고 있었다
아는 이름 없이도
어떤 마을에 도착하는 것은
죽은 누군가의 영혼이 그곳에서
부르고 있기 때문일 거라 생각하면서
한참을 걸었다

'몹시'라는 그리움 한 덩어리

파주에서 지내는 네가
휴가 온다는 말도 없이
'엄마' 하고 부르며
눈앞에 서 있다
반가움에 달려 나가
손에 닿을 듯했는데
잠에서 깨어났다
마당으로 나가
한참을 서성거렸다
'그리움' 한 덩어리
슬리퍼 끝에 채였다
무더운 여름밤이
몹시 더디 가겠구나

그 아픔을 내게 주소서

주공아파트 담장을 타고 오른
붉은 장미의 만발함도
일요일 오후 2시도
기분의 특효약이 되지 않았다

대신할 수만 있다면
모든 통증을 제 몸 안에 가져올 수만 있다면
기쁘게 그리하겠노라

신께 매달리는 시간만
늘어나고 있었다

아픈 아이를 품에 안은 그녀가
입 밖으로 꺼내놓는 말은
처음부터 끝까지 하나였다

눈이 녹고 있는 날처럼

우리들의 중년은

울음이 멈춘 후에 더 슬픈 눈을 한 사람 같다

정림사지 오층탑 주변을 걷는 산책자들의 발걸음이
오후 네 시를 지나
다섯 시를 향해 나아가고 있는 사이
그 잠깐의 시간 동안
해가 서둘러 기울어졌다

우리들의 나이처럼 당혹스러워졌다

오늘의 기도를 노을빛에 걸고

허락하신다면 한겨울 오후 2시처럼
다가가게 하소서
언 발, 언 손가락에 내려앉아
살짝 눈 감고 걸어가게 하소서
염려를 미리 끌어다 놓지 말며
가능한 가난한 마음으로
오늘을 살아가게 하소서
너와 나의 다름을 인정하게 하시고
함부로 정죄의 언어를 남발하지 않게 하소서
눈 뜬 아침의 기적을
감사로 받아들일 수 있게 하시고
이웃에 대한 배려가
나의 행복임을 잊지 않게 하소서
경쟁과 반목의 대상이 아니라
손잡고 함께 걸어가야 할 형제임을
알아가게 하소서
한 해의 첫날 첫 마음으로
삼백육십오 일을 건너가게 하소서
그 모든 날들이 사랑으로
오직 사랑으로 넘쳐나게 하소서

배경이 없어서

사는 일이 조심스러워져
대문을 나선 직후부터
벽 쪽 그늘로 걸어가는 것처럼
될 수 있는 한 보이지 않게
하루를 건너가는 나는
가진 것이 없어서
마음이 얇지
지상의 유령으로
밤의 시간에 당도해서야 편안해지지
타고난 재능도
열정적 생의 태도도
가지고 있지 않아
가설무대 같은 현실을
삐걱거림 없이
건너가길 기도할 뿐이지
일요일 교회에 가기로 한 건
하나님 빽을 갖게 되면
슬픔이 없는 십오 초는 허락하지 않을까
얄팍한 속내를 다 알고도 남을 테지만
하나님도 눈감아 주지 않을까

믿어보기로 한 거지

* 심보선 시집 제목.

그때의 선택이었습니다

달리 다른 방법을 알지 못했으니
최선은 아니었어도
차선쯤은 되지 않았을까요
부끄럼이라는 열매는
질기고 시큼해서
한입 베어 물 때마다 눈살이 절로 찌푸려집니다
두고두고 잘못을 인정해도
잘못이 사라지는 건 아니어서

에덴에서 쫓겨난 이브처럼
폭염 아래 수고를 내려놓지 못하는 아담처럼
우리는 오래 슬퍼합니다
사과나무를 심으려 한 건 아닙니다
달리 해결할 방법 같은 건
찾지 않으려구요
지금처럼도 괜찮습니다
천천히 지나가 보겠습니다
봄나무 가지마다 희망이라는 잎눈을 매달고

오늘을 살아가는 방법

아파하지 말자
폭설이 퍼붓는 날처럼
그리움 같은 건 덮어버리자
새벽을 걸어서
저녁으로 돌아올 때까지
사는 일에만 골몰하자
막노동하는 그의
소주 한 병처럼
하루의 고단함을 잠재우자
앞뒤 나누려고
머리 쓰지 말고
상하 기준 같은 건
용광로에 집어넣어 녹여 버리자
유리잔이나
화병으로 만들어서
제철 꽃 한 다발
이유 없이 꽂아 놓자

2부

보라색 스웨터를 무릎까지 덮고 있었지만
겨울을 피하기에는
너무 얇다는 생각이 들었다

이월의 정서

 귓불 얼리는 댓바람이 신동엽길 골목과 골목으로 돌아다니며
 노인들의 발목을 붙잡고 있다

 읍장댁도 주영이네도 붉은 지붕 집 대문도 오래 닫혀 있다

 헐렁해진 거리에 바람 소리만 폭주 중이다

 며칠째 폭설이 이월을 덮는 중이다

산책자들의 도시

쌍북리와 관북리는 속살을 내비치는 여인처럼 발굴되는 중

소정방이 칠 일 밤낮 불태웠다는 백제 왕궁터는 어디에 묻혀 있을까 술잔과 다기잔 온갖 장신구는 물론 급기야 백제금동대향로가 어둠을 껴안고 있다가 발견된다 부여에서는 1,400년을 살아내고도 생생한 눈빛 거두지 않은 계산공주*처럼 다가온다

서동로를 걷다 보면 아사달을 기다리는 아사녀들이 성당 옆 골목을 빠져나와 부소산성 고란사 방향으로 산책길에 오르는 모습을 어렵지 않게 만날 수 있다 이곳은 지금도 백제가 살아 있다

* 백제 의자왕의 왕녀.

그때처럼 오후 3시를 걸었지

양달쪽으로 발걸음을 내디뎠습니다
관북리 상가 뒤편으로 사람들이 오가지 않는 길에
친구가 산다고 했지만
연락은 하지 않았습니다
언젠가 우연히 마주치게 된다면
반가운 인사를 나누겠지만 지금은
그리움을 나란히 둔 채
걷는 것으로 충분합니다
양조장이 있던 자리엔
이제 양조장이 없습니다
기옥이, 정화, 문주, 미애
여고 시절 함께 웃던 친구들도
부여에 살지 않습니다
어제는 눈 내리고 비도 내렸습니다
친구들이 없지만
오늘은 햇빛의 방향으로 걸을 수 있어서
무진무진 그리워할 수 있어서
좋았습니다

틈날 때마다 서해로 떠났다, 우리는

우리가 서천으로 가는 중이었을 거야
서해를 보러 무작정 나선 길이었어
파도 소리를 담아 오겠다는 목표가 아니었다면
그렇듯 무모한 출발은 하지 않았을 거야
국도변을 달리며 차창을 내린 건
4월을 끌어당겨 다른 어떤 염려도
날려버리고 싶어서였지
생각해 보니 무모함은 몇 번 오지 않는
마음의 풍랑 같은 거였어
거대한 물살에 밀려 아무것도 생각하지 못하는 상태
우리는 한 곳만 바라보며 길을 떠나곤 했어
빽빽한 소나무 숲은 해풍 냄새가 그들먹했지
걸을 때마다 억센 바람이 밟혀서
몇 발자국 옮겨 놓는 동안
하루가 다 지나가 버리기도 했지만
매번 최선을 다해 당도했지
풍경들이 기억의 무늬로 남을 때까지

나희덕을 읽는 사이

어둠이 언제 스며들었을까
그녀의 젊은 날 시를 읽다가
고개를 드니 저녁이 되었다
생계를 위해 살다가
정신 차리고 보니
어느새 흰 머리칼이 늘었다
목주름이 생기고
여기저기 아프기 시작한 몸
저녁 만찬을 위해
무엇을 준비해야 할까

뻔하지 않기 위해 나는

뻔한 눈인사가 쉰밥처럼 넘어가지 않았다
뻔한 생각의 고리들이 명치를 더부룩하게 만들었다
오른쪽 가슴에서 10센티미터쯤 위쪽으로
통증이 올 때마다 소금물로 가글을 했다
병원에 가는 대신 스스로 정한 민간 처방이었다
책에도 네이버에도 나오지 않은 처방이었으므로
통증이 사라질 리 없었지만
병원에 가는 대신 소금 알갱이 몇 알 입안에 털어 넣으며
안심하고 싶었는지 모른다
뻔하지 않게 시를 쓰기 위해
무엇을 해야 할까 생각하다
시를 쓰지 못하는 날이 길어졌다
산골에 들어가기로 했다 나는
소금물 가글 같은 스스로 정한 처방이었다

절반의 어느 방향입니까, 당신은

저녁의 대화는 주로 과거로 돌아간다
꼬리에 꼬리를 물며 딸려 오는 물고기 떼처럼
주변의 얼굴에서 얼굴로 건너뛴다
대부분 지상을 떠난 이름이지만
입 밖으로 토해내는 순간
생전의 모습으로 살아나는 것이 일반적이다
한 번도 본 적 없는 얼굴이
영혼을 불러내기라도 하는 것처럼
따스한 온기를 방류한다
너와의 대화는
죽은 이들을 불러내
넓디넓은 거주지를 채워가는 놀이다
벽면에 걸린
가족사진 속 인물들을 한 명 두 명 세어 본다
떠난 자와 남은 자가 각각 절반이다

잠깐 눈인사를 하고 헤어졌다

너의 밤은 백야 같았다
점점 잠드는 일이 곤란해진다고 했다
목소리가 갈라져 있었고
은혜약국에서 나오는 왼손에
약봉지가 들려 있었다
눈발이 날리던 날이었다
보라색 스웨터를 무릎까지 덮고 있었지만
겨울을 피하기에는
너무 얇다는 생각이 들었다
풀잎 같은 미소가
입꼬리에 잠깐 스쳐 지나갔다
안녕이라고 말했지만
더 이상 나눠야 할 말을 잃어버려서
그대로 서 있다가 헤어졌다
상가마다 불빛이 켜지기 시작했고
골목으로 사라져가는
뒷모습을 오래 바라보았다
마지막 모습이었다

일요일의 무인카페

금성산 비탈마다
녹지 않는 눈발이 응달의 분위기를 만들어 놓았다
그곳을 바라보며 가만히 앉아 있으려고

햇살이 풍성하게 들어오는 날은
햇살에 관한 책을 펼치기도 하지만
대부분 죽은 시인들의 시집을 읽으려고

오후 두 시가 되면
일요일을 열고 부여문화원 이층 무인카페로 온다

물속처럼 고요한 자리에서는
그리움이 무럭무럭 자라서
해 질 무렵부터 무성함을 솎아내야 한다

주섬주섬 오늘을 챙기는
손등의 핏줄이 선명하다

저녁 여섯 시 이후

여든아홉 엄마의 과거는 흔들림이 없다
대부분 저세상으로 간 사람들이 모여 사는 곳
저녁상을 물리고 잠들기 전 서너 시간
그들은 안방으로 한꺼번에 몰려온다
엄마는 그들을 소환하는 에너지로
오늘을 살아가는 중이다
죽은 아버지가 다녀가기도 하고
죽은 할머니가 살아오기도 하며
큰고모가 안방을 차지할 때도 있다
순천 별량면 굴 따던 아주머니들의
칼칼한 목소리가 들리는 날도 있다
얼굴 한번 본 적 없는
장항 살던 엄마의 어릴 적 친구들을
만나기도 한다
야학에 다니던 시간에 머무르거나
갓 결혼한 새댁이 되었다가
군에 간 남편 대신
길쌈을 하거나 보리방아 꼽 찧는 젊은 며느리가

찾아오기도 한다

저녁 여섯 시 이후 나는, 탄생 전을 살아가는 중이다

오후에 찾아들던 방

새들이 날아들지 못하는
방으로 들어왔어요
커다란 유리창이 있어서
대나무가 있는 길 건너 산자락이
한눈에 들어오는 공간이었죠
금성산로 2차선과 마주하고 있었지만
모든 차 소리가 차단당한 곳이라
위험은 비켜 갔어요
북풍은 유리벽을 넘어서지 못했고요
눈앞에서 목격했지만
손도 발도 얼어붙지 않았어요
일월 한파 속에서도 안심하며
지낼 수 있었어요
마디가 단단해지느라
근질거리기도 했죠
유일하게 스며들어온 햇빛이
살갗에 닿을 때
졸음에 겨운 눈꺼풀을 닫은 채
한참을 움직이지 않았죠
펼쳐 놓은 몇 권 시집과

책상 위에서 함께 졸고 있는 풍경이
전생 같았어요

헝겊 인형

오래 갖고 놀았으니
흥미를 잃어버렸다 해서
할 말은 없다
방구석에 오래 방치된 후
계절이 바뀌어도
해에 닿지 않았다
너의 손길이 머리칼을 만지던 것을
기억하고 있으니
슬픔 따위 참을만하다고
혼잣말이 밤을 채웠다
같이 했던 온기가 남아 있는 동안
돌아올 거란 희망은
한파에 얼굴 내민 동백꽃잎 같았다
마음이 멀어진 이유를 알 길 없었으나
묻고 싶지 않았다
그 자리 그대로 서서 기다리는
버려진 시간
돌아올 거란 약속도 하지 않고
네가 떠나갔다

그리운 사람들은 청평사에 간다

금남여객 주차장에서 차표를 사고
춘천행 버스가 출발하기를 기다려야지
고속도로를 질주하는 동안
고여 있던 그리움을 밀어내고
풍경 속 겨울을 담아내야지
연락은 미리 하지 않을게
만날 수 있다는 희망으로도 충분해
예전에 그랬던 것처럼 잇몸이 만개하도록
웃을 수 있을지 모르지
무작정 떠난다고 볼 수 있는 건 아니지만
그래도 내일은 간단한 짐을 챙겨
길을 나설 거야
다시 만나는 날은 청평사로 가자

꿈꾸는 집 1

200년 된 느릅나무 그늘을 살 거야
뒤란에 매화와 동백을 심고
똘배나무 뿌리가 깊이를 모르고
뻗어가도록 허락할 거야
산수유나 백동백은
통창에서 내다보이는 자리가 좋겠지
봉우리 터지는 소리 들리도록
창문을 열어 놓을 거야
꽃의 표정을 읽는 오후가 길어지겠지
간간 그리운 이들 불러들여
구름 지나가는 소리에
귀 기울이면서
헐렁하게 앉아 있어야지
생강빵에 갓 볶아 내린 커피나 홀짝이며
묵혀 둔 이야기를 하거나
가재가 숨어 사는 도랑물의
모양새나 오래 들여다봐야지

꿈꾸는 집 2

떨기나무를 심자
진눈깨비 오는 날을 위해
무쇠난로를 들이자
목각인형이 창틀에서 기다리는 시간에
통나무 장작이 기세 좋게
타오르는 난롯가에서 함께 졸고 있자
흉터 같은 날들 아무느라 힘에 부쳤으니
쉬어도 되는 그날을 만들어 보자
너무 오래 통증이었던
지나간 날들도 괜찮았다고
눈웃음 건네면서
서로의 상처에 손길 얹어두자
밤이 발아래까지 내려앉고
눈발 난분분 쏟아져 내려도
봉쇄수녀원 같은 산골집에는
아무 일 없다는 듯
장작불이나 활활 타오르게 하자

시가 되는 것들은

하나 같이 축축하다
지금 여기에 없는 너이고
사진 속에서나 볼 수 있는 웃음기이다
더 이상 통화되지 않는
친구였던 옛 이름이고
주고받을 어떤 말도 남아 있지 않은
침묵의 순간이다
떠난 애인이 선물로 준
보풀 일어난 목도리이며
쓰다 두고 간 전화번호에서 들려오는
모르는 사람의 목소리다
무심하게 흘려보낸 선택이며
이제는 마주할 용기조차 나지 않는
멀어진 우리들의 시간이다
홀로 있는 익숙함으로
농익은 그리움의 무게다
너는 시로서만 찾아오고
나는 그런 너를 받아 적는다

숨기기 힘들지 연애

포플러를 좋아해
포플포플 바람과 눈맞을 때
여지없이 들키고 마는
강둑의 냄새를 좋아해
당사자들만 모르는
연애의 흔적들이란
토요일 오후의 살갗들처럼
손님 없는 찻집의 기분들처럼
무밭 무청에 올라앉은 서리들처럼
가난한 동네 어린이집 입구에
주저리주저리 매달린 다래처럼
악천후에 버려진 가족사진 속
투명한 미소들처럼
혼자 먹는 가정식백반
펄펄 끓는 된장국처럼
너무 확실한 맛

3부

깨진 액자 안
분홍 한복 입은 그녀의 웃음이 아직도 분홍이다

빈집이 있는 골목

아는 얼굴들이 하나둘 사라지고 있었다

타지로 떠난 이들은 이름을 지웠으므로
기억에서 밀려났다

치매를 앓거나 고관절이 부러진 후로
도시의 요양원으로 떠난 그들의 부음이
월요일이나 화요일 익숙하게 도착했다

돌아올 사람이 지상을 떠난 집은
초록색 방수 페인트가 벽과 지붕에서
제일 먼저 들뜨기 시작했다

골목 사람들 1
- 그는 이제 새벽길에 나서지 않는다

  담장 아래로 겨울을 난 백도선 선인장이 무성했다 원래 그 자리에 있던 것처럼 2층 슬래브집 마당은 공구며 재활용 물건들로 발 디딜 틈이 없었다 주인은 마르고 말이 없었으며 동네를 돌며 고물을 수집하는 일을 했다 좁은 마당을 채우고 담벼락 아래로 물건들이 쌓여갔다 폐지와 공병들을 분류하는 등은 반쯤 굽어 있었다 여름과 가을 겨울 이후 봄에 다다르는 동안 리어카 가득 수고로움이 쌓여 갈 즈음 고물상을 향하던 걸음은 느릿했다

  삼월의 월요일 아침, 각종 재활용품으로 넘쳐나던 그 집 앞 골목이 텅 비었다 낡은 리어카만 담벼락 쪽으로 세워져 있다 말기 암 진단을 받은 그가 7일 동안 정리를 마친 후 서울 큰 병원으로 떠났다고 했다

골목 사람들 2
- 길고양이 집

슬래브집 딸이 부르는 노래는
닫힌 창문을 밀고 새어 나왔다
보이지 않는 무대는 상상이 절반이었지만
그 집 앞을 지날 때마다
발걸음이 한정 없이 느려지곤 했다

지금은 길고양이가 산다
살던 사람들이 모두 떠나고 대문이 잠긴 후
담장을 넘는 그림자가
하나둘 늘어나기 시작했다

골목 사람들 3
- 기억을 어디서 잃어버렸을까

치매 판정을 받은 겨울은
마음을 걸어 잠그는 일로 시작한다
밤새 쌓인 눈에 어떤 발자국도 지나가지 않는다
아무도 찾아오지 않아서
봄은 서너 발 늦게 도착하고

오일장이 되어도 찬거리를 사러 가지 않는 노인의 집
열리지 않던 대문에
잠깐 화색이 돌 때는
도시로 나간 자식이 찾아올 때뿐

주소를 잃어버려서
다시 오지 못하는 주인이
자식들 차에 실려 떠나고
하루
이틀
사흘
집 마당 대추나무 새순이 담장 밖으로 고개를 내밀어도
단단하게 잠긴 계절은 열릴 기미가 보이지 않는다

골목 사람들 7
- 슬프지 않은 사람만 손들어 주세요

담장 아래서 울고 있는 이웃집 남자는
아내의 장례를 마치고 돌아왔다
친정엄마를 요양병원에 두고 집으로 돌아온 아랫집 언니는
마른 입술에 피가 맺히도록 이를 악물었다
수십 년, 눈 감고도 만들어내던 음식 재료를 앞에 두고
아무것도 생각나지 않는다고 말하는 떨리는 목소리가
거실을 둥둥 떠다녔다
영근 봄 햇살 퍼지는 아침나절

지금은 아무도 계절을 키우지 않는다

　일월집 아줌마는 담벼락 아래 고무통 일곱 개를 놓고 채소를 키웠다
　슬래브집 촘촘한 골목은 통 안으로 제일 먼저 계절이 찾아왔다
　짱짱한 고춧대가 붉은 가을을 매달고 있으면
　우리는 곧 겨울이 올 것을 예감했다
　폭염이 싯푸른 쌈채소의 물관으로 들이닥쳤을 때
　아침저녁 호스로 물을 대다 툭 하면 여전사처럼 웃었다
　낡은 반바지를 아무렇지 않게 걸치고
　봄과 가을을 불러내던 그녀가 골목을 떠났다
　아들네 집으로 갔다는 말도
　요양병원으로 들어갔다는 소문도
　바람에 실린 비닐봉지처럼 굴러다니는 동안
　사비로 초입 담장 아래엔
　눈발만 내려앉았다가 녹고 있었다

초왕리 빈집 한 채

호흡이 빠져나간 집은
처마부터 허물어진다
먼지 앉은 경대
금 간 유리창
칠 벗겨진 붉은 지붕
치마저고리 입고
수국처럼 웃고 있는
액자 속 그녀가
방바닥에 나뒹굴고 있다
마루에 앉아 바라보던
지평선 넘어 노을은 그대로고
마을 입구 500년 느티나무 보호수가
여전히 그 품을 넓히는 초왕리
시름시름 앓고 있는 빈집 한 채

빈집
- 입포로9번길 13

오동나무 곁가지들이 뻗어가고 있었다
붉은 양철대문을 열지 않고도 장정 두셋이 드나들 만큼
담장은 이리저리 부서져 있었다
일가를 이루고 살아낸 흔적이
곳곳에서 읽히는 것은
떠나지 못한 영혼이 아직 그 안에 머물기 때문
쇠죽 끓이던 아궁이 무쇠솥은 사라지고 없어도
비어 있는 외양간에
송아지 울음소리 들릴 것 같은
오후 세 시의 그 집
깨진 액자 안
분홍 한복 입은 그녀의 웃음이 아직도 분홍이다

신이 당신을 사랑한 이유

비자나무 그늘을 닮은 그대여
진눈깨비 날리는 겨울 한복판
들판에 홀로 선 나무처럼 떨고 있나요
봄날이 도통 올 것 같지 않아
한숨만 깊어진 그대여
지상의 어떤 꿈도 잡히지 않아
울음이 차올라도 차마 울지 못하는
버려진 아이 같은가요

기다리는 한 사람이 있어요
아무리 지독한 추위라도 물러가요
들판에 봄빛 돌아오면
그루터기 나무마다 환하게 만개하듯
외로움으로 몸서리친
그대의 영혼도 온기로 채워질 수 있어요

벽난로

겨울을 기다리게 될 거야
네가 올 거란 기대로
하루 종일 산모롱이 다랑이 논길을
바라보게 될 거야
심장이 다시 뜨거워질 수 있다는
상상만으로도 나는 살아 있게 될 거야
오지 않는 발걸음이 하루이틀 길어져
차갑게 식어가는 몸을 바라보는 일도
참아낼 수 있을 거야
언젠가 한 번쯤은 찾아올 테니
잠깐 기다림을 멈춘 사이라도
자박자박 눈길 걸어
이곳 산마을에 당도할 거니까
다시 온기 가득한 손길일 수 있을 거야
산촌에 펄펄 눈발 퍼부어도
길은 끊어지지 않을 테니
돌고 돌아서라도 내게로 와줄 것이니
환하게 뜨거워질 그날을
기다리고 있을 거야

도서관이라는 숲

금요일 오전을 접으면 대체로 비가 내린다
빗방울 털어낸 열람실에서
시집 다섯 권으로 요새를 짓던 날
헐렁한, 적요한, 적막한 세상으로 들어가는
쪽문에 분홍빛 장미 넝쿨 올리고
숨겨둔 시어를 채집한다
불안한, 높은, 알 수 없는 너를
이해하려고 노력했던 그날들처럼
말없이 시선을 고정시킨다
도서관 이용 방법은 간단하다
폭염을 피하거나
비를 피하거나
그리움을 피하기 위해
회화나무, 오리나무, 다릅나무, 매화나무, 향나무
책상 사이사이
숲길을 걸어 나오며
지금은 다른 이름으로 서 있는 그들의
또 다른 이름들을 골라내기만 하면 된다

고향엔 착한 이웃들이 산다

쌀가루 같은 눈이 내린다
일요일 아침인데
쉬지도 않고
부여 성당 길모퉁이까지
쌓인다

모과나무에 모과 대신 매달린 눈발
소리 없이 힘도 들이지 않고
겨울이 그린 대형 그림 하나
내다 거는 중이다

착한 이웃이 먼저 나와
눈 덮인 곳에 길을 만들어 놓는다
넘어지지 말라고
대문 쪽으로 난 계단 먼저
쓸어주고 간다

그때의 얼굴들이 궁금해

아는 얼굴이 없다
성가를 부르던 그들이 사라졌다
중앙에 있는
중앙교회에 가도
인사 나눌 이름이 남아 있지 않다
그때나 지금이나
예수는 여전히 청년 같은데
함께 예배드리던
선주, 지연이, 일상이, 석주, 의환이
혁동이 오빠, 성재 오빠
십 대의 그네들은 다 어디로 갔을까
성탄 트리에 불 밝히고
캐럴송만 울려 퍼진다

구름이 사라졌습니다

5월 감나무 잎새들이
바람 안에서 헤엄치고 있습니다
구름 한 점 없이
물고기가 떼로 몰려다니는 날
일요일의 고향 귀퉁이에서
졸고 있는 아이처럼 살고 싶습니다
앞선 걱정은 양지쪽에 내다 걸어
햇빛에 바짝 말려두고요
간간 백제초 동창생들이 전해주는
이야기에 귀 열어두고서
얕은 호흡으로
살아도 될 것 같습니다
읍내 길목마다
서성거리는 그림자로 있어도
아무런 탈 없이 서너 달은 건너갈 것 같습니다
느티나무 그늘 너울거림이나 바라보면서
하루를 길게 늘여 살아도
괜찮을 것 같은 저녁입니다

청유형으로 말하면 휘파람이 될 거야

비자나무, 물참나무, 떡갈나무, 층층나무 모여 사는
숲으로 가자
거기로 가서
백양나무, 느릅나무, 산수유, 백동백
올리브나무를 심자
달리아, 수국, 해바라기 지천으로 피어날
강 건너 마을로 가서
빨간뜸부기, 붉은 잉꼬, 휘파람새, 밀화부리, 노랑때까치, 분홍찌르레기
전부 다 불러들이자
둥근 새집을 만들며
푹푹 눈 쌓이는 겨울도 너끈히 건너보자

4부

나는 다시 자유롭게
경계에서 경계를 허무는 방향으로
나아가게 될 것이다

한 장의 사진

먹이를 찾아 나선 어미 새가
독수리 밥이 되었다
기다림의 절정에서
새끼들은 몇 개 뼈마디로 남아 있다
미루나무 꼭대기
저 간절한 풍장

신도 잠든 시간

> 영하권 추위가 기승을 떨고 있던 지난밤
> GS편의점 계단에 웅크린 노인을 발견하고
> 병원으로 옮겼지만 이미 숨을 거둔 뒤였다
> 노인의 죽음은 3줄 단신 기사로 처리됐다

양팔로 온몸을 끌어안는다
한파를 밀어낼 수 있는 건
최대한 웅크려 작아지는 일
지상의 창문마다 난사하는 불빛은 너무 멀다
아무리 손을 뻗어 기대어 봐도
문은 열리지 않는다
닫힌 저쪽의 세계로 들어갈 방법이 떠오르지 않는
1월은 너무 얇다
핏줄까지 얼게 하는 영하권의 밤
불빛 넘치는 저 안의 세계는
단단하게 잠겨 있고
아무리 문을 두드려봐도
고함쳐 봐도 목소리가
입 밖으로 새 나오질 않는다
더 세게 내가 나를 끌어안아도
한파는 심장까지 얼릴 기세다
손발이 마비된 지 오래고
더 이상의 온기가 느껴지지 않는다

새벽 2시, 얼어붙은 지상은
신도 이미 잠든 시간이다

제이미 맘 이수지

　대한민국 서울에서도 강남국 사람들은
　수백만 원을 호가하는 몽클레르 패딩을 입고
　샤넬 가방과 에르메스 목걸이를 실탄처럼 장착하고 다닌대
　더 가진 자들이 더 갖는 방법을 찾는 것은 당연한 세상이라고
　최고급 자동차를 굴리며 학원과 학원으로 자식들을 실어 나르는
　여전사 제이미 맘 이수지
　말투, 헤어, 외모, 눈빛까지 최고급 교양으로 무장한
　대치동 엄마들의 트렌드를 완벽하게 읽어낸다는
　풍자의 달인
　그들만의 세상에 메스를 대는 유튜브 영상 속 그녀
　코미디보다 더 코미디 같은

싱싱한 소문

이모부는 자살했다
누구도 입 밖으로 시인하지 않았지만
누구나 알고 있는 사실이었다
방앗간 집 아저씨는
방앗간에서 목을 맸다
참기름 사러 갔다가 들은
뒤로 쉬쉬하며 하는 얘기지만
제일 크게 들리는 이야기다
친절한 정육점 아저씨도 가게 안에서
죽은 채로 발견됐다
열거한 자살의 공통점은
날것의 감정이 주요 원인이라고 밝혀졌다
소문은 매번 살아나서
골목을 돌아다녔다, 집요했다

아무것도 손쓸 수가 없었다

돈을 위해서라면
화장장 시신을 빼돌려
팔아먹는 족속이 있다지
인간에게 버려진 개들이
수백 마리 집단으로
죽어가는 현장
털이 빠지고
갈비뼈 드러난 몸통으로
카메라를 응시하는
저들은 짖지도 않는다지
아사의 시간 동안
부풀어 오른 몸통에
온갖 바이러스
자리 잡아가고
죽음을 받아들인 눈이
통증을 담아내고 있을 때
생은 가혹하다고
가혹에 방치된
지상의 시간을 거둬 달라고
고요한 아우성이

치열한 고요가
천천히 생을 끊어내는 현장을
목격하고도

나는 고독사한 청년입니다

다만 살고 싶었습니다
오랜만에 집안에 온기가 돕니다
가다가 돌아보니
집 앞에 이웃들의 발자국 소리가 고여 있습니다
잘 가란 인사도 고맙습니다
대문 앞까지 찾아와
막걸리를 따라주고
향을 피워올리는 마음을 기꺼이 받겠습니다
살아생전 내내 혼자여서
누군가가 그리웠지만
다가갈 방법을 찾지 못했습니다
해 질 녘 근처 근린공원을 걸어가
바람을 쐬거나
주변에서 들려오는 목소리를 들으면
오늘 하루를 더 살아낼 수 있겠구나
불안한 다짐도 했습니다
저녁 대신 주머니에 넣어 온 막걸리를
당신과 같이 마실 수 있었다면
수북한 약봉지 대신

내일의 희망도 꿈꿀 수 있었을까요
지상에서의 미래를 계획할 수 있었을까요

숨으로 만든 나무와 달과 햇빛

집안에 불을 들이지 않는 날이 많았다
북풍이 들어오지 못하는 창이었으므로 참을만했다
작게 웅크리고 있으면 누구라도 찾지 못하는 날이 있었다
두꺼운 이불을 뒤집어쓴 채 겨울을 버텼다
간혹 아는 언니가 기름을 채워주었다
천사를 닮은 이웃들이 있어서 생이 하루씩 길어지기도 했다
학습지 교사로 담장 높은 집 아이들을 가르쳤고
환경연대 간사로 일을 했으나
가난이 물러서질 않았다
도자기를 빚어 전시회를 열고 나면 일 년이 지나갔다
커피잔이나 밥그릇 국그릇 대신
산과 나무와 달과 햇빛 만들기가 좋았으나
돈이 되지 않았다
한기로 채운 공간에서
산수 문양이 둥둥 떠다니고 있었다
손가락이 꿈쩍하지 않는다

로드킬 당한 고라니 한 마리에 대하여

가드레일을 넘었다
첫발이 국도변으로 착지했을 때
심장은 평소보다 빠르게 뛰었다
몇 날 며칠의 계획이 이뤄지던 순간
기분이 탄생했다
평원의 노간주나무에
다다르고 싶었다
이쪽에서 저쪽에 눈을 둔 건
잘못이 아니었지만
슬픔이라는 비수에 찔린 건
지상의 비를 재촉하는 결과를 낳았다
없던 경계를 만들었다고
갇혀 지내는 것이 불가능했으므로
오늘의 결과가 다소 불온하다 해도
선택 값이 달라지진 않았을 것이다
도로변에 식어가는 피가
빗물에 씻겨 대지에 스며들면
나는 다시 자유롭게
경계에서 경계를 허무는 방향으로
나아가게 될 것이다

19세 청년 샤반 알달루

불길에 휩싸였다
순식간 살갗을 태우는 화마에
속수무책이었다
19세의 청년 샤반 알달루는
그렇게 죽어갔다
생일 전날이었지만
전쟁은 그의 목숨을
붙잡아 두지 않았다
이스라엘의 무차별 폭격은
병원 옆 난민촌을
불바다로 만들었고
그의 어머니도 누이도
도망 나올 방법이 없었다
신의 손길이 닿지 않는 땅
울음과 절망만이 잉태되는
가자지구의 비극에
목격자는 있었지만
전쟁을 막아야 한다는 목소리는
들어먹히지 않았다
포탄을 투하하는

전쟁의 광신도들은
죽이는 자로서의
타당한 이유로 중무장한 채
의사가 되기를 꿈꾸던 청년의 죽음도
어린 소녀의 죽음도
아랑곳하지 않았다
신이 울고 있었다

난전에서 시든 나물을 샀다

난전의 바람이
배추 겉잎을 얼게 한다
붉은 소쿠리에 담아 둔 시금치를 떨게 한다
오일장 들어가는 입구
하루도 빠짐없이
약국 앞 바닥에 앉아 있는 그녀
손과 발이 얼어 있기는 마찬가지다
교통사고로 입원한
아들의 생사를 걱정하며
통곡으로 바닥을 채운다
그 눈물조차 얼게 하는
난전의 겨울로부터
결코 도망가지 않는다
아픈 자식을 둔 어머니는
난전의 겨울보다 힘이 세다

서로를 질투하지 않을 방법

커다란 울타리를 치자
너는 너의 모습대로 살아라
나는 나대로 살아갈 테니
울 안에 층층나무를 심고
무당거미를 불러들이고
박하향이 퍼지도록 할 테니
너는 더 넓은 곳에서
바람길을 내고
평소 바라온 대로 고택을 들여
능수벚나무로 그늘을 만들어라
우리는 다만
살아가는 내내 서로의 안부를 물으면서
가능하면 오래 보고 살아갈 수 있도록
건강에 좋은 방법이나
공통 화제로 주고받다가
안녕, 가벼운 인사로 헤어지자
살아가는 방법론에 대해
어떤 참견도 하지 말고
적당한 거리에서
행복이나 빌어주자

굳이 재밌는 일이 없어도

아침에 믹스커피를 타는 건
습관 같은 거였다
종이컵의 7할만큼 뜨거운 물을 채우는 것도
화요일과 엇비슷했다
여섯 번에서 일곱 번 휘젓는 것도
적당히 달고 적당히 쓴 커피를
적당히 식을 때까지
기다리는 것은 수요일과 같았다
갑자기 기온이 떨어지거나
겨울비가 바람을 섞어 흩뿌리거나
진눈깨비가 내리는 날의 맥심은
식을 때를 기다리지 않아도 되었다
재밌는 일이 없었지만
심심하다고 말하지 않았다
습관같이 지나가는 날 중에 너는
눈발로 찾아오거나
새벽안개로 머물다 갔다
그때마다 뜨거운 커피를 마셨다

꿈꾸는 세상에는 조팝꽃이 피었다

물가이거나 물그림자 얼비치거나
낮은 구릉이거나 회화나무나 느티나무가 서 있는
인적 드문 마을이면 좋겠네
폭설이 그친 후에라도 굵고 튼실한 햇살이
시시각각 아무런 곳에나 다발로
쏟아지는 곳이면 좋겠네

멀리 산등성이 굽이굽이 비치는 곳으로
창문을 내고
밤이 지나가는 기울기를 재거나
새벽이 걸어오는 소리의 밀도를 가늠해야겠네
장작난로에 땔감을 넣어
겨울 한복판을 데우고
무릎담요를 덮고
풀풀 날리는 눈발이나 오래 들여다봐야겠네

조팝나무꽃 사방에 만개하는 날까지
그대 오는 발자국 소리
산모롱이에서부터 들려오는 날까지
기다림의 계절을 살아내야겠네

살다 보니 살아지더라

네가 떠난 날부터였을 거야
하루만 살기로 했다
내일을 희망하는 일 따위 없이 오늘만
최선을 다해 살아내기로 했다
도통 웃을 일 없어 보여도
슬픔 같은 건 곁에 두지 않은 채 걸어가기로 했다
성실을 겉옷으로 걸치고 묵묵함으로
저녁을 맞다 보면
또 살아졌구나, 했으니
더 이상 바랄 일 없어서
혼자로의 거처도 더는 무섭지 않았다

아프지 마라

새벽 거리를 걸어가는 등 뒤로
진눈깨비 내리친다
한파의 날들만 있지는 않을 것이니
묵묵히 걸어가자, 친구야
빈손으로 온 모든 걸음은
어차피 덤으로 얻어지는 것이니
한숨을 내려놓고
회한을 덮어버리고
봄빛 가득한 내일이나 당기며 살아내자
한 사람이 떠나간 뒤 쓸쓸한 지상일지라도
무덤가 제비꽃처럼
울음마저 환하게 들어 올리는 꽃대로
오늘을 살아 있자
그대여 아프지 마라
담장 아래 고즈넉이 꽃잎 펴는 봉숭아처럼
다만 향기로워지자

해설

불온한 안부의 세계선世界線

전형철(시인, 연성대 교수)

삶은 탄생이란 세계점을 시작으로 죽음이라는 세계점에 닿아 하나의 세계선을 남긴다. 그 세계선은 거리의 친연성을 지니고 있을지 모르나 지구상에 명멸했던 수많은 인간 존재 하나하나가 제각각 차별적인 것과 같이 독립적이다. 같을 수 없음으로 우리는, 또는 단순히 관념이 아니라 무한의 공간에서 기하학적으로 존재가存在價를 가지고 정위定位한다는 점에서 우리의 여행자적 운동은 존재 의의와 미학적 개별성을 획득하는 것이다.

사막과 광활한 초원 '몽골'을 거쳐 도복희 시인은 이제 "돌고 돌아와"(「시인의 말」) 고향이라는 공간에 닻을 내린다. '뿌리를 내렸다'가 아니라 '닻을 내'렸기 때문에 기실 시인의 귀환은 멈춤이 아니라 "골목골목"을 걸어 발견한 모세계母世界의 틈과 주름을 확인하는 '다름의 귀환'을 기저로 한다. 불투명한 동일성에 빠져 고향을 관조하는 것이 아니라 세계선의 이동을 통해 발견한 불온한 감각과 국면局面의 재발견은 그의 시집이 서정의 질 좋은 선취를 기반으로 기품을 잃지 않으면서도 동시에 가열찬 사유의 파문과 시간과 장소라는 종축과 횡축을 돌파하는 세계 내 존재의 탐색을 동시에 구축해 내고 있음을 증명하고 있다.

그의 시집 『꿈꾸는 세상에는 조팝꽃이 피었다』는 처음에는 서정시의 진경의 순간을 확인하는 슴슴함에서, 거듭될수록 시간과 위치의 종횡에 지난하고 매섭기 그지없는 기치로 존재론적 차원에서 예민하게 반응하고 있다. 살아 있는 것의 불완전성이 아니라 꿈과 불가능성에 대한 불완전성의 사유가 그의 시 속에 은밀하게 내장되어 작동하고 있다.

>
> 집착하는 애인처럼 살아냈다
>
> 미지의 장소를 정해 오후를 건너왔다
>
> 이제 애쓰지 않아도
>
> 가벼운 쪽으로 걸음을 돌려놓았으니
>
> 하루하루가 쉽게 지나가게 되었다
>
> 내일을 희망하지 않으니
>
> 오늘을 살면 그만이었다
>
> 목 늘어진 스웨터를 입고 있는 것만큼이나
>
> 가난도 웬만큼 익숙해졌다

> 음식점 메뉴판에서 가격 먼저 보는 것이
>
> 습관이 된 것처럼
>
> 튤립 구근이 올라오는 소리에도 집중하기로 했다
>
> 적당히 내리는 봄비가 양철지붕에 내려앉을 때
>
> 침묵하는 방법도 알았다
>
> 기대하지 않는 법도
>
> 외로우면 외로운 대로 사는 법도 배웠다
>
> 생이 다소 쉬워졌다
>
> — 「해 질 무렵처럼 지내고 있어」 전문

서시에서 시인은 "집착하는 애인처럼 살"았다고 고백하며 시집을 연다. 나를 내가 아닌 외적 개념에 의해 규정하고 그에 연연하던 태도에 대한 각성은 시인이 이번 시집을 묶는 시작점, 첫 세계점의 인자이다. 누구와 "상의한 적 없지만 자연스럽게 들어선 형식"(「쓸쓸한 무늬」)이라는 애쓰지 않음은 "미지의 장소"와 "오후"의 발견으로 이어진다. 무거움이 아닌 가벼움으로 세계의 방향을 튼 그는 신대륙을 발견한 것처럼 "내일을 희망하지 않으니 오늘을 살면 그만이었다"는 시적 언술을 부려놓는다. 세계선의 기본 개념이 미래를 선취하는 것이 아니라 늘 현재에 수렴되는 현실에 충실해 '나라는 입자의 위치를' 고뇌하는 것처럼 시인에게 이것은 하나의 선언이자 역사

歷史가 된다. 늘어진 스웨터의 익숙함과 가격을 먼저 보는 일상성에서 시인은 "튤립 구근이 올라오는 소리"에 집중하며 "봄비가 양철지붕에 내려앉을 때 침묵하는 방법"을 비로소 체득하게 된 것이다. 이 아름다운 두 구문은 나이 듦의 나와 거처로써의 세계가 걸쳐 있는 대위적 의미로써 "해 질 무렵"을 포월包越한다. 그리고 시인의 품성인지 그의 노정이 만든 진솔함은 '생이 쉬워졌다'가 아니고 생이 "다소" 쉬워졌다며 끄트머리를 열어 놓는다.

양화에 갔다

아무도 없었고 아무도 기다리지 않았다

바람이 신경질적으로

숲과 골목과 빈 벌판을 쓸고 다녔다

겨울 외투도 소용없어 떨고 있었다

걸음이 멈춰지지 않아서 이유 없이 떠돌았다

대문이 잠긴 것은 아니었지만

밖에 나와 있는 얼굴이 없었다

고개를 디밀거나

대문 안쪽 마당을 기웃거리는 동안

목줄에 묶인 개들만 폭주 기관차나 되는 양

짖어대고 있었다

아는 이름 없이도

어떤 마을에 도착하는 것은

죽은 누군가의 영혼이 그곳에서

부르고 있기 때문일 거라 생각하면서

한참을 걸었다

─「전생에 만났던 너와 해후하게 될지도」 전문

 양화는 부여에 속한 지역명이다. 그러나 양화에는 "아무도 없었고 아무도 기다리지 않았다". 이미 세계선은 탈주했고 시인이 알고 있던 "아무"는 시간선에서 벗어났거나 양화라는 공간에서 떠나 버렸다. 그것이 시간의 탓인지 '양화'라는 공간의 탓인지 알 수 없으나 이미 시인에게 양화는 더 이상의 양화일 수 없다. 사라진 모든 것, 버려진 모든 것, 아스라져 간 모든 것이 양화라는 이름으로 전생과 이생에 거쳐 흘러가고 있는지도 모른다. 대문 안쪽 마당을 기웃거리는 시인이 발견한 것은 결국 '소용없음'과 '이유 없음'이며 이 불능이라는 사태 앞에서 "한참을 걸"을 수밖에 없다. 그럼에도 이 쓸쓸한 거닒이 그저 자신의 기억을 점검하는 것에 끝나지 않는 것은 "아는 이름 없이도" 어떤 마을엔 "누군가의 영혼이" 나를 호출하고 있기 때문이라는 생각 때문일 것이다. 그렇게 양화는 스스로를 쇄신해 범凡 공간의 한 지점, 고향의 이념으로부터 탈색된 총체로 아득함을 재현하게 되는 것이다.

  그리고 생성을 존재로 바꾸고 잠재적인 것을 현실화하고 불완전한 것을 온전하게 하려는 열망(한스. 마이어홉)의 이편에 선 시인은 무질서의 상징에 '의의 있는 연상 significant association'을 보여준다.

>아파하지 말자
>
>폭설이 퍼붓는 날처럼
>
>그리움 같은 건 덮어버리자
>
>새벽을 걸어서
>
>저녁으로 돌아올 때까지
>
>사는 일에만 골몰하자
>
>막노동하는 그의
>
>소주 한 병처럼
>
>하루의 고단함을 잠재우자
>
>앞뒤 나누려고
>
>머리 쓰지 말고
>
>상하 기준 같은 건
>
>용광로에 집어넣어 녹여 버리자
>
>유리잔이나
>
>화병으로 만들어서
>
>제철 꽃 한 다발

이유 없이 꽂아 놓자

　　　　- 「오늘을 살아가는 방법」 전문

"가능한 가난한 마음으로/오늘을 살아가게"(「오늘의 기도를 노을빛에 걸고」)해 달라고 기도하는 시인은 오늘을 살아가는 또는 살아내는 방법으로 '지금을 괜찮게'(「그때의 선택이었습니다」) 만드는 선택에 대해 제안한다. 아픔이 아니라 덮음을 통해, 사는 "오늘"에 충실하며 '앞뒤', '상하'의 분별을 없애는 것이 행과 불행의 연상에 대한 본질적 감각을 일깨우는 것이라고 시인은 기원한다. 그리고 모든 생각과 판단의 장애를 지워 맑고 투명한 '지금, 여기'라는 세계점에 "제철 꽃 한 다발"을 꽂자고 시인은 말하고 있다. 오늘이라는 연상의 '이유 없음'이 "울음이 멈춘 후에" 더 "슬픈 눈"으로 깊어가는 산책자의 걸음처럼 "오후 네 시를 지나 다섯 시를 향"하(「눈이 녹고 있는 날처럼」)는 동안 우리의 그림자는 기울여져 가고 있다.

　그렇게 시인은 "더욱 간결해지는 중이다"(「간결한 하루」).

　　치매 판정을 받은 겨울은
　　마음을 걸어 잠그는 일로 시작한다

밤새 쌓인 눈에 어떤 발자국도 지나가지 않는다

아무도 찾아오지 않아서

봄은 서너 발 늦게 도착하고

오일장이 되어도 찬거리를 사러 가지 않는 노인의 집

열리지 않던 대문에

잠깐 화색이 돌 때는

도시로 나간 자식이 찾아올 때뿐

주소를 잃어버려서

다시 오지 못하는 주인이

자식들 차에 실려 떠나고

하루

이틀

사흘

집 마당 대추나무 새순이 담장 밖으로 고개를 내밀어도

단단하게 잠긴 계절은 열릴 기미가 보이지 않는다

   - 「골목 사람들 3 -기억을 어디서 잃어버렸을까」 전문

쌀가루 같은 눈이 내린다

일요일 아침인데

쉬지도 않고

부여 성당 길모퉁이까지

쌓인다

모과나무에 모과 대신 매달린 눈발

소리 없이 힘도 들이지 않고

겨울이 그린 대형 그림 하나

내다 거는 중이다

착한 이웃이 먼저 나와

눈 덮인 곳에 길을 만들어 놓는다

넘어지지 말라고

대문 쪽으로 난 계단 먼저

쓸어주고 간다

- 「고향엔 착한 이웃들이 산다」 전문

'하루를 건너가는 나는/가진 것이 없어서/마음이 얇'(「배경이 없어서」)은 시인은 때문에 '가난한 아름다움'(박용래)를 떠올리게 한다. 시집에 수없이 등장하는 골목을 따라 시인은 각기 다른 세계선에 위치한 모든 존재의 안부를 묻는다. 빈집에 "벽과 지붕"이 "제일 먼저 들뜨"는 것처럼 "골목"(「빈집이 있는 골목」)은 지금 세계의 인식장認識場으로부터 유리되고 있다. 그의 업業 때문일까 마셜

맥루한의 쿨 미디어를 넘어 핫미디어로서의 시인, 산책자를 꿈꾸는, 아니 그 몫을 담당하는 시인은 3부 전체를 통해 균열의 오늘을 온전히 어떻게 감내할 것인지 수용자인 우리에게 그 태도를 되묻고 있는지도 모른다.

연작 중 한 편인 「골목 사람들 3 -기억을 어디서 잃어버렸을까」는 수용자로서 우리의 태도를 콘텍스트Context적으로 개입하게 만든다. 치매와 노환, 고관절 등으로 죽음의 세계점을 향해 골목을 떠나거나 유폐된 이들을 소환한 3부에서 유독 이 시가 슬프고 가난하게 다가오는 것은 "치매 판정"이 아니라 "마음을 걸어 잠그는" 것 때문이다. 도시의 자식이 찾아와 끝내 도시의 병원이나 요양원으로 떠나는 서사가 아픈 것이 아니라 "밤새 쌓인 눈에 어떤 발자국도" 내지 않는 노인의 마음 먹음이 이 시를 시집의 원적元籍으로 만드는 동력이 된다. "오일장이 되어도 찬거리를 사러 가지 않는" 노인의 마음은 닫힌 마음이 아니라 굳은 마음이며 자식과 세상에 피해를 주고 싶지 않은 인간 존재의 마지막 결기이자 인간으로서의 최후의 자존심일 것이다. '잠깐의 화색'과 "단단하게 잠긴 계절"의 대비 속에 "떠나지 못한 영혼이 아직 그 안에 머물기"(「빈집」)를 시인은 함께 바랐던 것일까.

그리고 빈집의 골목을 지나 "쌀가루 같은 눈"이 내린다. 빛나는 서정적 기품의 미학적 수사로 표현된 첫 행은 소리 없이 자연스레 겨울이라는 계절의 이면에 "대형 그림 하나"로 확장된다. 골목의 모퉁이, 착한 이웃이 정처를 잃고 떠나는 영혼들이 "넘어지지 말라고" "대문 쪽으로 난 계단"을 먼저 쓸어주는 위안의 풍경을 따라 "경계에서 경계를 허무는 방향"(「로드킬 당한 고라니 한 마리에 대하여」)으로, 그렇게 '생이 하루쯤 길어지고'(「숨으로 만든 나무와 달과 햇빛」) 있는지도 모를 일이다.

> 먹이를 찾아 나선 어미 새가
> 독수리 밥이 되었다
> 기다림의 절정에서
> 새끼들은 몇 개 뼈마디로 남아 있다
> 미루나무 꼭대기
> 저 간절한 풍장
>
>   - 「한 장의 사진」 전문

시인은 죽음과 삶이 합치되는 시간의 흐름과 따뜻한 비애의 경계를 통과해 생의 또 다른 인화印畫 방식을 우리에게 보여준다. 시인이 보여준 골목과 세계의 포착이 값싼 감상에 빠지지 않은 것은 「한 장의 사진」에 제시된 "저 간절한 풍장"이라는 시적 국면 때문일 것이다. 입처개진立處皆眞의 화두는 어쩌면 '밥-기다림의 절정-뼈마디'로

이어지는 삶과 죽음의 순환의 불온성에 있는지도 모를 일이다. 그것이 창조 외에는 아무것도 아닌 운명에의 시간(베르그송)이며 새로운 세계선에 대한 회귀적 사유의 일환일 것이기 때문이다.

하나 같이 축축하다
지금 여기에 없는 너이고
사진 속에서나 볼 수 있는 웃음기이다
더 이상 통화되지 않는
친구였던 옛 이름이고
주고받을 어떤 말도 남아 있지 않은
침묵의 순간이다
떠난 애인이 선물로 준
보풀 일어난 목도리이며
쓰다 두고 간 전화번호에서 들려오는
모르는 사람의 목소리다
무심하게 흘려보낸 선택이며
이제는 마주할 용기조차 나지 않는
멀어진 우리들의 시간이다
홀로 있는 익숙함으로
농익은 그리움의 무게다
너는 시로서만 찾아오고

나는 그런 너를 받아 적는다

- 「시가 되는 것들은」 전문

시인에게 시 쓰기란 "신이 걸어간 쪽으로 따라가"(「오늘 세시는 당신 없이 지나갔지만」) "이름조차 기억나지 않을 때"(「시는 언제 쓰냐고 물었다」) 가장 낮고 어둡고 축축한 곳에 임재臨在한 신과 함께 걷는 것이다. 이 위대한 비극은 하여 슬픔이 아니라 정신의 위대함을 일깨우는 일이며 현실이란 세계선을 적극적으로 만들고 형성하는 일이다. 때문에 그가 더불어 걷고자 하는, 듣고자 하는 신의 이칭異稱은 "없는 너"이며 "옛 이름"이자 "침묵의 순간"이며, "모르는 사람의 목소리"이다. "멀어진 우리들의 시간"에 "홀로 있는 익숙함"으로 "너를 받아 적"고 있는 시인은 사라져가는 아니 끝없이 항행하는 제 존재의 뒷모습을 오래 바라보고 있다.

그렇게 "오목가슴에 박혀 떨어지지"(「시를 언제 쓰냐고 물었다」) 않는 통증을 "소금 알갱이 몇 알 입안에 털어 넣으며"(「뻔하지 않기 위해 나는」) 시인 도복희는 불완전해서 불온한 무한 우주의 모든 세계선과 더불어 지금 꿈꾸는 중이다.

조팝나무꽃 사방에 만개하는 날까지

그대 오는 발자국 소리

산모롱이에서부터 들려오는 날까지

기다림의 계절을 살아내야겠네

    - 「꿈꾸는 세상에는 조팝꽃이 피었다」 부분

상상인 시선 062

꿈꾸는 세상에는 조팝꽃이 피었다

지은이 도복희
초판인쇄 2025년 6월 11일 **초판발행** 2025년 6월 18일
펴낸곳 도서출판 상상인 **편집주간** 황정산 **펴낸이** 진혜진
표지디자인 최혜원 **기획·마케팅** 전은빈 최유림 노혜림 정현수
책임교정 종이시계 **편집** 세종PNP
등록번호 제572-96-00959호 **등록일자** 2019년 6월 25일
주소 06621 서울시 서초구 서초대로74길 29, 904호
전화번호 02-747-1367, 010-7371-1871
팩스 02-747-1877 **전자우편** ssaangin@hanmail.net

ISBN 979-11-93093-95-5 (03810)

값 12,000원

* 이 책은 충청남도, 충남문화관광재단 후원으로 발간되었습니다.
* 이 책은 전부 또는 일부 내용을 재사용하려면 반드시 저작권자와 도서출판 상상인의 동의를 받아야 합니다.
* 이 도서의 국립중앙도서관 출판시도서목록(CIP)은 서지정보유통지원시스템 홈페이지(http://seoji.nl.go.kr)와 국가자료공동목록시스템(http://www.nl.go.kr/kolisnet)에서 이용하실 수 있습니다.